이동배 단시조집

개 왈(曰)

똥개처럼 짖어봅니다

  글을 쓴다는 것은 어쩌면 슬픈 일이거나 즐거운 일이기도 한 것 같다.
  또 외로운 길을 걷는 수행의 길이기도 하다.
  특히, 별로 알려지지 못하고 수준이 낮은 작가(?)에게는 더욱 그러하기에 마음이 복잡하고 미묘하고 어렵다.

  현대시조는 다양한 방법으로 발전하고 있다. 간혹 시인 간에 논쟁이 있겠지만 우리의 시조가 정형시로써 나아가는 데는 모두가 동참하리라. 우리나라 고유의 정형시로 우리 민족의 자랑이자 위대한 유산으로 끊임없이 사랑을 받아 온 시조는 작금 뜻있는 사람들이 시조의 중흥을 위해 노력을 더 하면서 나아가 세계화로 나아가고 있음은 축복해야 할 일이다.

우리 시조인들은 우리 시조의 새로운 정착을 위해 동분서주하고 있다.

　세상을 보는 눈은 다양하다. 그래서 이번에 모은 단시조집에는 똥개란 동물 복실이를 통해 이 세상의 잡다한 이야기를 주어 모았고 우리 주변의 다양한 사물과 현상, 동식물의 이야기를 단시조로 소리 내어 보았다.
　그냥 개소리쯤으로 들려도 좋지만 생각의 고리를 이어가는 계기도 되었으면 한다.
　지금도 우리 동네 개들은 무어라고 개소리를 지껄이고 있다. 나도…….

하동 북천 청심연가에서

차례

1부 – 사진 한 컷

사진 한 컷 ｜ 12
금선金線을 그으며 ｜ 13
은밀隱密한 시도試圖 ｜ 14
신기루 ｜ 15
낚시 1-챔질 ｜ 16
낚시 2-유혹 ｜ 17
조약돌 ｜ 18
어떤 고해 ｜ 19
전봇대 ｜ 20
발자국들 ｜ 21

2부 – 개 왈

개 왈 1 - 딴소리 | 24
개 왈 2 - 외침 | 25
개 왈 3 - 뼈다귀 | 26
개 왈 4 - 옛날 순위 | 27
개 왈 5 - 요즈음 순위 | 28
개 왈 6 - 우리 동네 | 29
개 왈 7 - 똥 | 30
개 왈 8 - 상팔자 | 31
개 왈 9 - 수입 돈豚 | 32
개 왈 10 - 관심 | 33
개 왈 11 - 팔자 | 34
개 왈 12 - 왈曰 왈曰 | 35
개 왈 13 - 천국 | 36
개 왈 14 - 꿈꾸는 강아지 | 37
개 왈 15 - 개똥=약똥 | 38
개 왈 16 - 닭 쫓던 개 | 39

3부 - 솟대

솟대5 – 솟대 언덕 ｜ 42

솟대7 – 시작始作 ｜ 43

솟대8 – 비상飛上 ｜ 44

솟대9 – 고드름 ｜ 45

솟대10 – 정안수靜安水 ｜ 46

솟대13 – 늦가을 ｜ 47

뇌물1 – 냄새 ｜ 48

뇌물2 – 내편 ｜ 49

명절 ｜ 50

제문祭文 ｜ 51

봉鳳의 알자리 ｜ 52

서운네 – 사랑 ｜ 53

사마귀의 헌신獻身 ｜ 54

4부 – 멍텅구리 알 낳기

멍텅구리닭 알 낳기 | 56
왈曰 왈曰 | 57
단추1 – 묵언默言 | 58
단추2 – 흔적 | 59
정의·양심 | 60
함께하는 사람들 | 61
죄1 – 봄꽃 | 62
하루 또 하루 | 63
팽이 | 64
바람의 방향 – 행로行路 | 65
촉석루 | 66
뒤벼리2 – 유등 | 67
뒤벼리3 – 댓잎 울음 | 68
뒤벼리4 – 전설 | 69

5부 – 해인사 가는 길

해인사 가는 길 | 72

바람의 방향 – 솔잎표 방향 | 73

시인詩人이 되어 | 74

파도의 꿈 | 75

어떤 하루 | 76

자해 | 77

돌덩이 | 78

졸도하다 | 79

건대구 – 어느 선거전에 나타나 | 80

두꺼비 달에 살다 | 81

만년필 | 82

오늘 비봉산 | 83

푸른 하늘 | 84

신新 구지가龜旨歌 | 85

6부 – 뻐꾸기 시계

백토를 먹을 때 | 88
우체통 | 89
달빛 숨기기 | 90
섬 | 91
동구 밖 | 92
꼬투리를 잡혔네! | 93
문 | 94
뻐꾸기 시계 | 95
묵은지 | 96
동반자 | 97

7부 – 꽃이 웃어요

꽃이 웃어요 | 100

꽃을 꺾다 | 101

봄이 왔지만 – 코로나19시대 | 102

얼레지 | 103

코스모스 | 104

꽃들이 말을 할 제 | 105

봄날에 | 106

청산도에는 | 107

메뚜기 | 108

조롱박 | 109

황토 고구마 | 110

하우스 인 하우스 | 111

어머니의 봄신명 | 112

■ 해설 – 존재의 탐구와 유쾌한 반격 | 114

1부

사진 한 컷

이 자리
다시 한번 더
다짐하며 기억해

사진 한 컷

모처럼 *지리智異 등반
정상 서 사진 한 컷

지나온 시간들과
스쳐 온 인연들이

이 자리
다시 한번 더
다짐하며 기억해

*지리智異 : 지리산

금線을 그으며

숨었던 욕망들은
낯선 향 뿌리면서

화려한 빛깔 뭉개
더덕더덕 바르면서

풍선에
그려진 실금
쩍쩍 갈려 열린다.

은밀隱密한 시도試圖

부뚜막에 내리깔린
땅거미 기어들어

속삭이던 말들은
귓속에서 기어 나와

어둠 속
은밀한 시도試圖
뒤척이는 실루엣

신기루

까마득한 사막에
떠 있는 호수가 있다

끝없는 사지死地에서
기다리던 시간들이

살며시
기지개 켜고
풍덩풍덩 빠지는

낚시1
– 챔질

갈매기 날아오른
갯바위
홀로 앉아

낚싯대 드리우고
챔질을 기다릴 제

서늘한
시간 속으로……
허공으로 점프질

낚시2
– 유혹

갯바위에 가만 앉아
떠 있는 찌를 보면

바닷속 고기들은
두려움에 들썩댄다

이 유혹
벗어나는 건
비릿한 삶 비우는 거!

조약돌

야무진 모습으로
골목길도 뒹굴다가

달그락 소리치며
부딪고 부대끼며

길 위서
응석 부리며
닳아지는 돌멩이

어떤 고해苦海

이 아침 부질없이
모든 걸 자수自首한대

기진한 눈꺼풀로
사랑을 속삭이다

세상에
임종 앞두고
풍경 소릴 훔쳤대!

전봇대

온종일 주렁주렁
소문들 왔다갔다

길가에 골목길에
전봇대 또 전봇대

도도한
그대 모습 뒤
꼿꼿해진 그림자

발자국들

꿈꾸며 지나치는
바람난 이승처럼

길바닥에 드러누워
한바탕 난리 치고

추억의
귀퉁이에서
난장판을 벌려요

2부

개 왈

복실 왈
"수입 돈豚이네!
다른 놈들 주세여"

개 왈 1
- 딴소리

*"아들딸 구별 말고
하나 낳아 잘 키우자."

**"사람이 재산이다
다산으로 국가 부흥."

시골은
수캐만 남아
웅얼대는 집구석

*,** : 오래전 국가 정책용 홍보 표어에서 퍼옴

개 왈 2
– 외침

털목도리 칭칭 감은
똥개가 울부짖다

"요새는 찾아봐도
 먹을 똥이 없어 예!"

한낮에
나자빠져서
징징대고 있네요

개 왈 3
- 뼈다귀

뼈다귀 하나 물고
똥개들이 짖는다

"이제는 똥 안 묵고
 조용히 있을래요!"

밤마다
일찍 눈 감고
아무 것도 모른 채

개 왈 4
- 옛날 순위

우리 집 1순위는
당연히 아빠 차지

두 번째 세 번째는
귀여운 언니, 오빠

복실이
네 순위는 야
명부조차 없었어!

개 왈 5
- 요즈음 순위

우리 집 1-2순위
귀여운 언니 오빠

그 다음 세 번째는
재롱둥이 나, 복실이

기가 찬
아빠 순위는
맨 끝에서 달랑달랑

개 왈 6
- 우리 동네

어깨에 힘 주고서
동구 밖 다녀보고

온 동네 설쳐 봐도
암내는 흔적 없다

울 동네
수캐들 천국
"내 힘쓸 데 없구만!"

개 왈 7
- 똥

똥 먹고 똥을 싸던
고기 먹고 똥을 싸던

똥개든 명품 개든
그 짓은 비슷하다

먹는 게
차이가 나도
냄새나긴 똑같지

개 왈 8
- 상팔자

이집트 관광길에
찾아 본 장소마다

넉장거리 나자빠져
낮잠 자는 개 천지다

개 팔자
상팔자라고
누구누구 말했다

개 왈 9
– 수입 돈豚

안방에 주무시는
우리 집 애기(?)보고

"복실아 돼지갈비!"
"복실아 돼지 목살!"

복실 왈
"수입 돈豚이네!
 다른 놈들 주세여"

개 왈 10
- 관심

"아빠가 많이 다쳤다"
"병원에 모셔 가서"

"할머니 돌아가셨어"
"공부 땜에 바빠 예!"

복실이
다쳤다니까
한달음에 달려와

개 왈 11
- 팔자

시드는 꽃을 사는
얄궂은 사내놈이나

조화에 달려드는
벌 나비 무슨 쬘꼬?

야밤중
짖어대는 게
팔자라고 하는 데

개 왈 12
- 왈ㅂ 왈ㅂ

누구도 웃지 마소
개들이 말한다고

아무도 믿지 마소
개들이 웃긴다고

세상이
떠들어대도
입만 아플 거예요

개 왈 13
- 천국

최고급 양복으로
멋쟁이 모자 쓰고

*캐딜락 타고 앉아
트롯노래 듣다보니

천국이
따로 있나요
이 세상이 거긴 걸

*캐딜락 : GM의 최고급브랜드 승용차 중 하나

개 왈 14
- 꿈꾸는 강아지

식구들 내 앞에서
귀염들 떨고 있네

내 관심 받고 싶어
안달이 났나 보지!

주인이
되고 싶네요!
마음대로 하게요

개 왈 15
- 개똥=약똥

요즈음 좋은 보약 굉장히 많나 봐요!

몸에 좋은 많은 약들 TV에 즐비한데

개똥도
약에 쓸래면
귀하다니까요? 정말요

개 왈 16
- 닭 쫓던 개?

세상에 이렇게도 철없는 것들이 있나

아직도 닭 쫓던 개가 있다고 믿다니요

울 할밴
망태 매고서
개똥 주로 갑니데이

3부

숏대

허공에
매달려 있던
팔랑대는 바람들

솟대 5
- 솟대 언덕

수많은 낮과 밤을
지새는 한숨들과

세월의 꿈을 좇는
속 깊은 기다림들

무너져
흉터로 남은
갈대 언덕 언저리.

솟대 7
- 시작始作

천년의 시작으로
비상飛上을 함께 하고

깡마른 죽음 위에
단단히 자리 잡은

허공에
매달려 있던
팔랑대던 바람들

솟대 8
– 비상飛上

엉켜진 사연 물고
날개를 퍼덕이다

두 다리 박차고서
꿈인 양 비상飛上하다

부시게
푸르른 하늘
퍼져가는 나래짓

솟대 9
- 고드름

매화꽃 피다 지다
햇살도 머물다 간

그림자 앉아있다
그리움 한 움큼 쥔

입춘이
머무는 처마
식어 빠진 고드름

솟대 10
- 정안수靜安水

시간이 얼기설기
얽혀서 보낸 세월

손 모은 기원들의
마지막 온기 담아

정안수靜安水
정성 안고서
머물다 간 그림자

솟대 13
- 늦가을

늦가을 빈 논마다
새떼들 빈둥댄다.

헐거운 가운 입은
홀로 된 허수아비

허공에
걸린 목청은
휘파람의 뼈다귀

뇌물1
- 냄새

아무도 모른다고
이번에 나를 위해

한 번만 봐 달라고
슬며시 쑤셔 넣는

그렇게
속 보이는 걸
냄새나는 일인 걸

뇌물2
- 내편

냄새는 더럽지만
귀여운 내 똥강아지

비린내 진동하는
악취의 진원지로

서서히
죽어가면서도
여기저기 쑤셔대는

명절

부모님 살아 실 적
차례차 인사차

부모님 가신 뒤에
뵐 일이 없어졌다

괜시리
명절날에는
동구밖만 쳐다본다.

제문祭文

제 몸을 갈아 부셔
길을 내고 뜻을 펼쳐

후회를 휘감은 채
천길로 내달으며

먹물을
팍 뒤집어 쓴
흰 까마귀가 죽었다

*봉鳳의 알자리

지금은 깨고나가
알자리만 남았지만

태곳적 용트림한
울음소리 흔적인가

예부터
지켜온 자리
다져 놓은 큰 역사

*봉의 알자리 : 경남 진주시 상봉동에 있는 비석, 진주지역 진양 강씨 집안이 고려 말 흥성하고 권력을 누리고 있는 것이 대병산 지금의 비봉산에 있는 봉암 때문이라 여겨 조정에서 비밀리에 깨어 없애 봉이 날아가 버리게 했다는 것을 알고 봉이 다시 날아올 수 있도록 알자리를 만들었다는 전설이 내려 옴

서운네
- 사랑

골방 속 걸려 있다가
낡아버린 사진틀엔

낮이 긴 어느 날에
터트린 함박웃음

세월에
닳은 고무신
질질 끄는 서운네

사마귀의 헌신獻身

언제나 그대는
나만을 생각해 줘

한 방울 내 정마저
태어날 자식 위해

이 몸의
부스러기조차
남김없이 즐기소서

4부

멍텅구리닭 알 낳기

좀 전에
제 알 낳고도
쪼아대는 멍청이

*멍텅구리닭 알 낳기

우리 집 닭장에는
몇 마리 *달구새끼

큰 덩치 암탉 몇 놈
그 이름 **멍텅구리

좀 전에
제 알 낳고도
쪼아대는 멍청이

*달구새끼 : 닭 또는 병아리를 칭하는 방언
**멍텅구리닭 : 기계로 부화하여 키운 닭, 알을 품을 줄 몰라 알이나 새끼를 돌 볼 줄 모른다해서 붙인 속어

왈曰 왈曰

비 오면 우산 쓰고
눈 오면 썰매 타고

골목길에, 스키장에
아무나 나타나선

부서진
불탑 앞에선
"온 산이 다 탑이라고……."

단추1
- 묵언默言

내 몸매 가지런히
소중스레 정리하며

고달픈 생애生涯마저
살며시 여미면서

한 구멍
하나하나씩
꿰어 놓은 묵언默言들

단추2
- 흔적

여정旅情의 발걸음들
그리움도 낯설지만

어쩌다 빈 구멍과
떨어진 흔적 남아

세상사
수繡를 놓으며
끌어안고 속삭입니다

정의 · 양심

정의는 알까기로
비비고 빠져나와

함부로 말하지만
정치는 내로남불

양심도
발바닥까지
내보이면 시큼해

함께하는 시간들

서로가 벗이 되어
다함께 걸어온 길

함께 한 시작과 끝
물드는 당신의 맘

가끔은
별들을 보며
속삭이던 시간들

죄1
- 봄꽃

죄 없는 이 세상에
소박한 짓거리들

피어서 반겨주고
향기로 달래주고

꽃들은
활짝 피어서
웃는다고 난린데

하루 또 하루

*"사회적 거리 두기" "격리된 인격 살인"

숨겨진 희망 속에 또 하루가 스러진다.

창밖에
뒹구는 낙엽들
바람 같은 소망들

*코로나19시대 신문 방송에서 사회적 이슈로 지칭된 말을 퍼옴

팽이

맨 몸에 찰싹 감긴
물 묻힌 숙명들은

서서히 스러지는
내 오랜 기억처럼

꼿꼿이
살煞을 감으며
빙그르르 돕니다.

바람의 방향
- 행로行路

우듬지 걸터앉아
그리움 빚어 놓은

살푼한 바위너설
달빛에 젖은 이끼

바람은
이리 저리로
갈 길조차 모른 채

촉석루

지리산 옹달샘물
앞서거니 뒤서거니

골짝골짝 누비면서
후한 인심 실어내려

아직도
애국 충절로
누각 속에 머물다

*뒤벼리 2
- 유등

지리산 산골 샘물 삼삼히 모여들어

남가람 물길 되어 흐르다 부딪는 벽

활처럼
휘어진 가슴
유등 되어 머무는

*뒤벼리 : 진주경상남도 진주시 상대동 뒤쪽에서 경상남도 진주시 옥봉동까지 남강 변에 걸쳐 있는 벼랑으로 진주 8경 중 하나

뒤벼리 3
- 댓잎 울음

산골짝 인심 적셔 꿈인 양 달려온 길

진주성 충혼 품어 붉어진 댓잎 울음

강물 속
불빛에 잠겨
막아서는 세월들

뒤벼리 4
– 전설

비봉산 산줄기가
남가람에 깎여져서

예부터 우뚝 솟아
벗 인양 기다려 온

벼랑 끝
뒤엉킨 혼줄
물살 위에 엉긴다

5부

해인사 가는 길

염주에

꿰어 걸고서

따라가는 무심처無心處

해인사 가는 길

큰 말씀 아로새긴 홍단풍 주렁주렁

산길에 들어붙은 세상사 두런두런

염주에
꿰어 걸고서
따라가는 무심처無心處

바람의 방향은?
– 솔잎표 방향

허공에 걸려있는 솔잎표 방향 표시

홀연히 사라지는
우연한 만남일까

어디를
가리키는지
모른 채로 떠 있는

시인詩人이 되어

시인詩人이 되어봤지
첫사랑 찾아왔지

엉덩이 큰 여인이
카페에 앉은 저편

허접한
시詩 나부랭이
씨불대고 앉았지

파도의 꿈

아침을 일찍 여는 바다의 부푼 희망

붉으런 달과 태양 삼키고 내뱉는다

오래전
가슴에 절인
하얀 포말 만들면서

어떤 하루

찬바람 맞아가며 숨차게 달려 온 나날

한숨을 내리쉬며 슬며시 여민 시간

꽃처럼
살아가라던
높은 말씀 새기며

자해自害

쉽사리 포기 않고 지 맘만 찢어댄다

처참한 난도질로 뭇 죄를 다스리며

이참에
고백하건데
"난 아무 것도 몰라 예!"

돌덩이

깎아야 강해지는
깨져야 깨어나는

묵직한 침묵처럼
앉아있는 돌덩이

징 맞아
다듬어지는
철석같은 가슴팍

졸도하다

희망을 가르키는
무심한 나침반과

내일을 마무리한
끝없는 삶의 종말

뒷목을
잡고 넘어져
까무러치는 인간들

건대구
- 어느 선거전에 나타나

대양을 누비다가
먼 고향 찾아와서

무시로 추억 찾아
새 생명 산란하다

아뿔싸,
갯바람 가득
굳어버린 가시들

두꺼비 달에 살다

토끼와 계수나무 그리고 두꺼비랑

*수어천 **섬거마을 왜구도 물렸거라!

오롯이 ***하얀쪽배엔 은혜 갚은 이바구

*수어천 : 전남 광양시 진상면에 있는 작은 내
**섬거蟾居마을 : 전남 광양시 진상면 섬거리, 섬진강 두꺼비 전설이 전해 오는 마을
***하얀쪽배 : 윤극영이 작사 작곡한 우리나라 최초의 창작 동요 "반달"에 나오는 가사

만년필

책장 구석 자리잡은
오래된 만년필로

유튜브youtube에 빠져버린
마음을 써 내린다

빼족이
내미는 품위
덮어버린 글 더미

오늘, *비봉산

웅지를 불태웠던
봉황새 날아간 곳

큰 바람 넘어갈 때
등성 마다 깃털 꽂아

온누리
펼쳐보이던
큰 기개를 모은다

*비봉산 : 경남 진주시 상봉동에 있는 야산, 산 정상에 봉암鳳岩이 있었는데 당시 조정에서 몰래 봉암을 깨어 없애 봉은 이미 날아가 버렸다고 해서 대봉산을 비봉산으로 불리지고 있다.
*모교 동창회지 2023「晉高人」권두시에 게재

푸른 하늘

꿈꾸는 아이들이
즐거이 노래한다

푸른 하늘 바라본다
꽃나비 춤을 춘다

파아란
하늘 끝자락
향기가득 드리우고

신新 구지가龜旨歌

*'두껍아 두껍아
헌집 줄게 새집 다오'

널따란 등허리에
얹혀진 새 나라에

김해벌
풍요로운 인심
새록새록 엮어다오

*구지가에서 따옴

6부

뻐꾸기 시계

색 바랜
몸꼴에다가
늙어버린 시간들

*백토를 먹을 때

백톳광 파고 살던
천황봉 언저리서

하이얀 떡살 같은
백토를 한 입 물고

춘궁에
속 빈 뱃속을
채울 때도 있었지

*옛날 내 고향 북천은 백토(흰 고령토)가 많이 나와 백토고개가 있다. 주변에 땅 속 깊은 곳에서 양질의 백토가 나오면 배고픈 광부들이 한 주먹씩 먹고 춘궁 허기를 채웠다는 이야기가 전해 온다.

우체통

쓰는 자 없어지고
보내는 일 없어졌다

휴대폰이 뺏어버린
일상의 소식들에

텅텅 빈
우체통 속은
기다림만 쌓이고

달빛 숨기기

쉴 참에 한숨 놓고
초 저녁에 멍 때리다

어디로 가는지도
몇 땜에 가는지도

달빛은
거들먹거리는
욕심마저 숨긴다.

섬

바다에 섬이 있다
아무도 살지 않는

내 맘에 섬이 있다
아무도 오지 않는

한마음
내내 간직한
쉬어가는 자리다

동구 밖

아무도 믿지 않는
카메론의 변신인 양

손주들이 왔다 간 뒤
넋을 잃고 바라본다

에둘러
지나간 세월
너희들이 알까 몰라

꼬투리

이 세상 살아가는
자그만 실마리는

언제나 침묵으로,
무덤으로 덮혔다

"심봤다!"
외진 곳에서
천년 산삼 찾았대

문

꼭 닫힌 문 앞에서
멀뚱히 쳐다본다

열리면 놓쳐버려
꿈들도 사라지고

삶 속엔
열림과 닫힘
무시로 펼치는데

뻐꾸기시계

오래된 기둥 마루
뻐꾸기 소리 들려

고장도 나지 않는
어머니 보물시계

색 바랜
몸꼴에다가
늙어버린 시간들

묵은지

뒤뜰에 묻어놓은
오래된 김장독엔

스스로 우려나온
배여난 깊은 맛 있다

외갓집
묵은지처럼
삭여진 손맛처럼

동반자

언덕에 뒹굴다가
검불이 붙여졌다

길 위에 길을 내며
구르던 낙엽들과

어쩌다
같이 꿈꾸는
동반자가 되었다

7부

꽃이 웃어요

아무리
미워할래도
방글방글 웃어요.

꽃이 웃어요

꽃들은 예뻐지려
별빛 달빛 삼키고요

꽃들은 사랑하려
향기 품고 단장해요

아무리
미워할래도
방글방글 웃어요.

꽃을 꺾다

산길에 피워난 꽃
한 아름 꺾어 안고

아득한 임의 소식
천 번의 언약되어

이토록
꽃향을 담아
손끝 가려 여민다

봄이 왔지만
- 코로나19 시대

개구리 뛰쳐나와
"봄이다!" 소리치고

화알짝 꽃봉오리
터질 듯 벌리지만

모두들
웬일인가요?
마스크로 꽁꽁 무장

*얼레지

숲길을 가로막는
거미줄 거둬 보니

발길을 막고 있는
흰 달빛 부스러기

풀잎새
이슬 삼키며
바람난 여인들아!

*얼레지 : 백합과의 여러해살이 풀, 얼룩취라고도 불리며 꽃말은 질투, 바람난 여자

코스모스

하늘도 높고 푸른
흥겨운 가을 들녘

가을길 바람결에
순정純情을 주워 담아

정다운
미소 한 다발
하늘하늘 반깁니다.

꽃들이 말을 할 제

꽃들이 말을 할 적
옷고름 풀며 한다.

넌지시 다가가면
꽃잎새 벌리고서

뭇 향내
내뿜으면서
유혹하고 그런다.

봄날에

봄자락 하늘하늘
언덕 위 쏘다닌다

아무 것도 안 보이는
그날도 왔다갔다

사랑을
찾아봤지만
그대 또한 신기루

청산도에는

청보리 여며주는
푸르른 청춘이다

너울진 바다소리
줄지어 달려온다

섬애기
재롱소리도
송두리째 앗아가는

메뚜기

휘어진 볏잎 사이
포르르 날아오르는

가을들 벼논 가득
황금빛 풍년소리

작은 손
큰 페트병 속
속삭이는 유년들幼年野

조롱박

우리는 처음부터
마음만 나뉘었지

두 개가 한 몸으로
서로가 소중하지

덩굴에
매달린 생애生涯
또 반으로 쪼개서

황토고구마

아린 줄 뻗어나간
널따란 땅속 세상

황톳빛 흙을 비벼
샛노란 속을 채운

길쭉한
감성덩어리
줄기줄기 엉긴다

하우스 인 하우스

겨울에 딸기 나고
한 봄에 수박 내어

계절을 잃어버린
요즈음 세상에서

인간사
어찌어찌한
속사정을 뉘 아리…….

어머니의 봄신명

가슴에만 간직해 둔
어머니의 봄신명은

동구밖 쏘다니는
늙어버린 전설이다

희미한
화장을 한 채
대청마루 앉았다.

해 설

존재의 탐구와 유쾌한 반격
- 이동배 단시조의 맛과 멋

이 지 엽
(경기대학교 교수, 시인)

존재의 탐구와 유쾌한 반격
- 이동배 단시조의 맛과 멋

이지엽
(경기대학교 교수, 시인)

1. 단시조의 두 가지 맛

　같은 시적대상을 묘사한 두 개의 작품을 보면서 얘기의 실마리를 풀고자한다.

　　까마득한 사막에
　　떠 있는 호수가 있다

　　끝없는 사지死地에서
　　기다리던 시간들이

　　살며시
　　기지개 켜고
　　풍덩풍덩 빠지는

　　　-「신기루」전문

봄자락 하늘하늘
언덕 위 쏘다닌다

아무 것도 안 보이는
그날도 왔다갔다

사랑을
찾아봤지만
그대 또한 신기루

  -「봄날에」전문

두 개의 작품은 "신기루"를 시적대상으로 하고 있지만 표현방식은 상당히 다르다. 전자의 작품에서 시적대상은 초장에서부터 객관적상관물의 비유를 통해 드러난다. 그것은 "까마득한 사막에/떠 있는 호수"다. A에서 B로의 비유는 친숙 정도에 따라 치환적(epiphora)인가 병치적(diaphora)인가 판가름이 난다. 너무 가까운 경우는 죽은 비유(dead metaphor) 이므로 경계해야 한다. "신기루"를 "까마득한 사막에/떠 있는 호수" 본 것은 치환보다는 병치에 가깝다. 일단 비유로서 성공한 셈이다. 그 다음 이어지는 묘사가 만만찮다. 왜 "끝없는 사지死地"와 "기다리던 시간들"을 등장시킨 것일까. 사실상 "신기루"는 존재하지 않는 것에 대한 희망이다. 이것을 염두에 두면 불가능한 존재이므로 "사지死地"와 기다림이 이해가 된다. 종장에 이르러 이 기다림은 해소가 된다. "살며시/ 기지개 켜고/풍덩풍덩 빠지는"것으로. 빠지는 곳은 물론 "까마득한 사막에/떠 있는 호수"로이다. 빠지면 없어지는 것이니 승화라기보다는 소멸이다. 말하자면 신기루라는 본래 의미를 우회적으로 보여주고 있는 것이다.

  후자의 작품은 전자와는 다르게 귀납적으로 수렴해간다. 봄 천지 사방을 쏘다녀도 있을 법한 것이 아무것도 보이지 않는다. 어디에 있는 것일까. 종장에서 그것은 신기루였음을 고백한다. 진실한 사랑을 아무리 찾아다녀도 진실한 사랑은 어디에도 없는 것이라는 것을 신기루의 존재를 통해 설득한다.

  두 편의 단시조는 같은 시적대상을 노래한 것이지만 그 맛과 멋이 다르다. 전자가 초입이 강하다면 후자는 말미가 강하다. 전자는 독자의 시선을 대번에 붙잡지만 후자는 서서히 가다가 막판에야 붙잡는다. 이 둘의 변용을 자유자재로 쓰고 있다는 점은 시적화자의 단시조 쓰기 수련이 적지 않는 내공을 지니고 있음을 반증한다고 볼 수 있다.

2. 한미한 것들에 대한 애정

시인은 작은 것을 사랑한다. 버려지고 하찮은 한미한 것들에 대해 애정을 갖고 있다. 그만큼 세세하고 섬세한 서정성을 갖고 있다는 얘기가 된다.

    오래된 기둥 마루
    뻐꾸기 소리 들려

    고장도 나지 않는
    어머니 보물시계

    색 바랜
    몸꼴에다가
    늙어버린 시간들

    -「뻐꾸기시계」 전문

「뻐꾸기시계」는 오래된 유산이다. 옛날집 기둥 마루를 지켜온 터줏대감이다. 뻐꾹이 우는 소리에 날이 밝고 밥을 먹고 학교에 갔다. "고장도 나지 않는/어머니 보물시계"다. 어머니가 그 자리 없어도 시계는 남아 시간을 울고 옛집을 지킨다. 시적화자는 이를 "색 바랜/몸꼴"이라고 하면서 "늙어버린 시간들"을 반추한다.

    뒤뜰에 묻어놓은
    오래된 김장독엔

    스스로 우려나온
    배여난 깊은 맛 있다

    외갓집
    묵은지처럼
    삭여진 손맛처럼

      -「묵은지」 전문

「묵은지」에는 "오래된 김장독"과 "묵은지"가 등장

한다. 현대의 가정들은 찾아보기 힘들 정도로 "김장독"을 쓰지 않는다. 언제 어디서나 원하면 어떤 음식이라도 바로 배달이 되고 쉽게 구할 수 있으니 굳이 김장독이 필요치 않다. 그러나 아무리 첨단 문명이 앞선다 할지라도 묵은지의 푹 삭힌 깊은 맛과 김장독이 갖는 은근한 맛을 어찌 재현할 수 있겠는가.

바다에 섬이 있다
아무도 살지 않는

내 맘에 섬이 있다
아무도 오지 않는

한마음
내내 산직한
쉬어가는 자리다

-「섬」전문

「섬」또한 시적화자가 갖고 있는 의식이 정태적이고, 안온한 것을 지향하는 세계를 보여준다. 요란

하고 복잡한 것보다는 "아무도 오지 않"아도 "한마음/ 내내 간직한/ 쉬어가는 자리"를 지향하고 있는 것이다.

「뻐꾸기시계」나 「묵은지」처럼 오래된 것들은 좋은 추억을 가지고 있기 마련이다. 이를 시적대상으로 가져온다는 것은 좋은 추억에 대한 향수 때문일 것이다. 그 향수가 아릿한 곳이 "섬" 같은 곳임은 두말할 필요가 없다.

3. 존재와 근원에 대한 탐구

시적화자는 또한 사물이 가지고 있는 근원과 존재 가치에 대한 고민을 보여주기도 한다. 이 점은 사물의 외면만을 응시하는 것이 아니라 내면을 투시하는 능력을 갖는다라는 점에서 상당한 의미를 지닌다.

내 몸매 가지런히
소중스레 정리하며

고달픈 생애生涯마저

살며시 여미면서

한 구멍

하나하나씩

꿰어 놓은 묵언默言들

 -「단추1 -묵언默言」전문

  시적 화자는 "단추"라는 시적대상을 통해 존재와 근원에 대한 탐구 의식을 보여준다. 이 인식은 "한 구멍/ 하나하나씩/ 꿰어 놓은 묵언默言들"이란 표현을 통해 잘 형상화 되고 있다. 단추의 구멍들은 그냥 뚫어진 구멍들이 아니다. 한 구멍마다 꿰어 놓은 비밀한 뜻이 숨겨져 있다. 결코 과욕을 부리지 말아라. 단추 하나로 두 구멍을 꿸 수 없고, 한 구멍에 단추 둘을 꿸 수가 없다. 넘어가지 말아라. 단추 구멍을 하나라도 넘어가면 나중에는 맞지 않고 옷이 뒤틀리게 된다. 과묵하게 눌러둔 삶의 지혜가 여기에는 있다.

여정旅情의 발걸음들
그리움도 낯설지만

어쩌다 빈 구멍과
떨어진 흔적 남아

세상사
수繡를 놓으며
끌어안고 속삭입니다

  -「단추2-흔적」전문

「단추2-흔적」에서는 삶의 여정에 초점을 맞춘다. "어쩌다 빈 구멍과 떨어진 흔적"은 무엇을 의미하는가. 옷으로서의 가치를 다하면 단추 구멍은 그냥 구멍으로 존재하고 단추도 구멍에 꿸 필요가 없어진다. 말하자면 단추와 구멍으로서의 역할이나 소임이 다 끝난 상태를 말한다. 그러면 이들에게 남은 것은 무엇인가. 한때는 한 구멍에만 얽매일 수밖에 없었는데 이제는 그럴 필요가 없게 된다. 자유로운 몸이 된다. "세상사/ 수繡를 놓으며 /끌어안고 속삭"일

수 있게 되는 것이다.

　　제 몸을 갈아 부셔
　　길을 내고 뜻을 펼쳐

　　후회를 휘감은 채
　　천길로 내달으며

　　먹물을
　　팍 뒤집어 쓴
　　흰 까마귀가 죽었다

　　　-「제문祭文」전문

「제문祭文」에는 제문이 갖는 본질적인 속성이 잘 형상화되어 있다. 제문은 주로 죽은 사람을 추도·추모하는 내용을 담은 의례문서다. 조선 시대에는 나라에서 지내는 제사의 종류가 많았다. ≪경국대전≫에 의하면, 그 중 가장 중요한 것은 종묘宗廟·사직社稷에 올리는 제사였고, 풍風·운雲·뇌雷·우雨·악岳·해海·독瀆·선농先農 등 제사의 대상이 많았다. 마조馬祖·선목先牧·영성靈星·명산대천 등도 제사의 대상이었으니 제문은 일상의 한 부분이라 해도 과언이 아니다. 제문은 "제 몸을 갈아 부셔/ 길을 내고 뜻을 펼"치는 것이지 남의 얘기를 가져오는 것이아니다. 설움이나 아픔이 없는 생이 어디 있으랴 "후회를 휘감은 채/ 천길로 내"닫는다. 마지막 종장에서는 "먹물을/ 팍 뒤집어 쓴/흰 까마귀가 죽었다"라고 하는 병치적 표현이 주목을 끈다. 때로 억울한 죽음이 있는 법인데 이를 두고 상징적으로 처리한 듯 싶다.

4. 시적 묘사의 자유로움

아무도 모른다고
이번에 나를 위해

한 번만 봐 달라고
슬며시 쑤셔 넣는

그렇게

속 보이는 걸
　　냄새나는 일인 걸

　-「뇌물1-냄새」전문

　뇌물이 무엇인가. 위키백과에 의하면 "어떤 직위에 있는 사람을 매수하여 사사로운 일에 이용하기 위하여 넌지시 건네는 부정한 돈이나 물건"을 말한다. 무엇인가의 이득을 위해 공여하는 대가인데 대부분은 이번 한 번만 눈감아 달라고 아무도 모르게 "슬며시 쑤셔 넣는" 것이다. 둘만의 통정 행위이므로 "아무도 모른다"는 것이 대전제가 된다. 그런다고 부정한 "냄새나는 일"이 사라질 것인가. 시적화자는 이런 속내를 잘 포착하여 보여준다.

　　냄새는 더럽지만
　　귀여운 내 똥강아지

　　비린내 진동하는
　　악취의 진원지로

서서히
　　죽어가면서도
　　여기저기 쑤셔대는

　　-「뇌물2-내편」전문

　뇌물을 급기야는 개똥으로 비유한다. 냄새가 고약하지만 내 이득을 위해서는 기꺼이 참아야 하니 "귀여운 내 똥강아지"의 똥이다. "악취의 진원지"로 지저분하고 구리지만 참아야한다. 그런데 사람들은 모두가 자신의 사사로운 이익을 위해서는 "죽어가"는 공멸 행위임을 잘 아는데도 "여기저기 쑤셔대는" 것을 멈추지 않는다. 뇌물이 가지고 있는 속성을 적나라하게 파헤치고 있다.

　　엉켜진 사연 물고
　　날개를 퍼덕이다

　　두 다리 박차고서
　　꿈인 양 비상飛上하다

부시게
   푸르른 하늘
   퍼져가는 나래짓

   －「솟대 8-비상飛上」 전문

  솟대는 나무나 돌로 만든 새를 장대나 돌기둥 위에 앉혀 마을 수호신으로 믿는 상징물을 말한다.(한국민속대백과 사전) 삼한시대의 소도蘇塗 유풍으로서 '솟아 있는 대'로 인식하기도 한다. 세우는 목적에 따라 마을의 액막이와 풍농·풍어 등을 기원하여 세우는 일반적인 솟대, 풍수지리상으로 행주형行舟形인 마을에 비보裨補로서 세운 솟대, 급제를 기념하기 위해 세운 솟대 등이다. 새는 오리라고 호칭하는 마을이 대부분이지만 지역에 따라 기러기, 갈매기, 따오기, 왜가리, 까치, 까마귀 등으로 부르기도 한다.

  초장에 보이는 "엉켜진 사연"은 솟대에 기원하는 의미가 많았음을 의미한다. 볍씨와 관련된 풍년 기원은 물론이고 마을의 수호신 역할, 혹은 과거 급제 축하를 위해 푸른색 용을 붙인 주홍색 장대를 세우기도 했다. 새 형상을 만들어 날개를 퍼득이며 두 다리 박차고서 비상하는 모습을 솟대에 담았다. 그러기에 솟대에는 "부시게/ 푸르른 하늘"의 자유가 근간을 이루고 펼쳐 날아오르고자 하는 날갯짓의 형상이 핵심을 이룬다.

5. 세상에 대한 유쾌한 반격

  이 시집에는 「개 왈」 연작이 16편 있다. 「개 왈」은 똥개가 하는 말이니 똥개 같이 하찮은 말이란 뜻도 되지만 오죽하면 똥개가 말을 하겠느냐는 역설적인 뜻도 있다. 시적화자의 의도는 다분히 후자 쪽이다. 일종의 세태비판을 똥개를 통해서 독자들에게 들려주고 싶은 것이다. 체면이나 자존심을 다소 뭉개 뜨려도 흠이 되지 않는다. 똥개가 하는 말을 가정하기 때문이다. 시적화자는 이를 노린 것이니 편하게 눈에 거슬리는 것들을 비판할 수 있었을 것이다.

    우리 집 1순위는
    당연히 아빠 차지

두 번째 세 번째는
귀여운 언니, 오빠

복실이
네 순위는 야
명부조차 없었어!

-「개 왈 4 - 옛날 순위」전문

우리 집 1-2순위
귀여운 언니 오빠

그 다음 세 번째는
재롱둥이 나, 복실이

기가 찬
아빠 순위는
맨 끝에서 달랑달랑

-「개 왈 5 - 요즈음 순위」전문

「개 왈」 4와 5는 옛날과 요즈음의 집안에서 소중한 순서를 말하고 있는 것인데, 부모의 순위가 옛날에는 당연히 첫째였지만 이제는 "맨 끝에서 달랑달랑"하다는 것이다. 1-2순위는 "귀여운 언니 오빠"이고 다음 3순위가 "재롱둥이 나, 복실이"라는 것이다. 가부장적인 권위가 어디에서도 먹혀들지 않는 요즘 세태를 간명하게 보여주고 있는 작품이라 볼 수 있다.

   "아빠가 많이 다쳤다"
   "병원에 모셔 가셔"

   "할머니 돌아가셨어"
   "공부 땜에 바빠 예!"

   복실이
   다쳤다니까
   한달음에 달려와

   -「개 왈 10-관심」 전문

「개 왈 10」의 작품도 변화된 세태의 풍경을 적나라하게 보여주고 있다. "아빠가 많이 다쳤다" 전해도 걱정하기 보다는 빨리 병원에 모시면 책임을 다한 것으로 착각하고, "할머니 돌아가셨다"해도 학원이나 공부 핑계를 대고 딴전을 피운다. 그런데 애완견 복실이가 다치면 한달음에 달려와 걱정을 하고 큰일이 난 것처럼 호들갑을 떤다. 오늘날 쉽게 볼 수 있는 풍속도다. 시적화자는 이런 현실을 「똥개 왈」 연작을 통해 가감 없이 고발하고 있는 것이다.

"아들 딸 구별 말고
하나 낳아 잘 키우자."

"사람이 재산이다
다산으로 국가 부흥."

시골은
수캐만 남아
웅얼대는 집구석

-「개 왈 1-딴소리」 전문

6, 70년대 국가 정책용 홍보 표어에는 "사람이 재산이다/다산으로 국가 부흥."이 나왔지만 그 이후에는 "아들 딸 구별 말고/하나 낳아 잘 키우자."라고 하더니 요즘은 우리나라는 대표적인 저출산국가에 속하고 말았다. 아무리 국가에서 인구 증산 정책을 펴도 먹고 살기 힘드니 아이를 낳는 일을 기피하고 있는 것인데 변죽만 울리는 겉치레 정책을 할 것이 아니라 실제 피부에 와 닿는 정책을 펴야할 것이다.

똥 먹고 똥을 싸던
고기 먹고 똥을 싸던

똥개든 명품 개든
그 짓은 비슷하다

먹는 게
차이가 나도
냄새나긴 똑같지

-「개 왈 7 -똥」 전문

안방에 주무시는
우리 집 애기(?)보고

"복실아 돼지갈비!"
"복실아 돼지 목살!"

복실 왈
"수입 돈豚이네!
다른 놈들 주세여"

-「개 왈 9-수입 돈」 전문

  똥개의 소리는 돼지갈비나 돼지목살을 무턱대고 좋아하는 것이 아니라 "수입 돈豚"을 가리는 까다로운 입맛을 통해시 다시 한 번 날카롭게 비판된다. 그리고 식구들이 자기 앞에서 "귀염들 떨고 있네"라고 얘기할 정도가 되면 (「개 왈 14 - 꿈꾸는 강아지」에서) 주객이 완전히 전도된 가치관의 혼란을 보여주고 있다.

6. 존재를 넘어서 세상을 넘어서

 세상에 대해 유쾌한 반격을 하든 사물의 존재에 대한 위상을 살펴서 그것이 갖는 의미를 조명하고 존재와 근원에 대한 탐구를 보여주든 오늘날 우리를 둘러싼 현실은 그리 녹록하지도 않고 간단하지도 않다. 다만 시적화자는 한미한 것에 대해 애정을 갖고 사물의 새로운 묘사를 통해 상상력의 자유를 추구해나가며 한 걸음씩 기운차게 나아가고 있다. 존재를 넘어서 세상을 넘어서 자유로운 시적 상상력을 발산하고 있는 것이다. 이후에 이어질 작업이 시대의 정면을 뚫고 존재의 내면과 성찰에 이르러 시조의 본질에 더욱 다가가는 진정한 작업이 이루어지길 바라면서 이 글을 맺는다.

개 왈

2023년 10월 20일 제 1판 인쇄 발행

지 은 이 ｜ 이동배
펴 낸 이 ｜ 박종래
펴 낸 곳 ｜ 도서출판 명성서림

등록번호 ｜ 301-2014-013
주   소 ｜ 04552 서울시 중구 삼일대로8길 17 3~4층(충무로 2가)
대표전화 ｜ 02)2277-2800
팩   스 ｜ 02)2277-8945
이 메 일 ｜ ms8944@chol.com

값 10,000원
ISBN 979-11-92945-98-9

※ 잘못 만들어진 책은 바꿔드립니다.
　이 책 내용의 일부 또는 전부를 재사용하려면
　반드시 저작권자의 동의를 얻어야 합니다.

※ 이 책은 경남문화예술진흥원의
　문화예술지원금을 보조받아 발간되었습니다.